글을 쓴 **김웅서** 선생님은 바다가 좋아 평생 바다를 연구해 온 해양 생물학자입니다.
1958년 서울에서 태어나 서울대학교에서 생물학과 해양학을 공부하고, 뉴욕주립대학교에서 해양생태학으로 이학박사 학위를 받았습니다.
수심 5000미터가 넘는 태평양 바다 밑바닥까지 심해유인잠수정을 타고 들어가 탐사를 하기도 했습니다. 지금은 한국해양과학기술원에서 해양 생물을 연구하고 있습니다.
그동안 〈내가 좋아하는 바다생물〉 〈해양 생물의 세계〉 〈우리 바다 서해 이야기〉 〈바다 깊이 탐사하다〉 등 바다와 관련된 수십 권의 책을 썼습니다.

그림을 그린 **장호** 선생님은 전라북도 김제에서 태어나 홍익대학교 서양화과를 졸업했습니다.
대학 시절부터 사람과 사람살이를 다룬 개인 작업으로 우리 사는 현실을 담아내고자 노력해 왔습니다. 2009년에는 〈달은 어디에 떠 있나?〉로 볼로냐 국제아동도서전에서
'올해의 일러스트레이터'로 뽑혔습니다. 그 동안 그린 책으로 그림책 〈달은 어디에 떠 있나?〉 〈소록도 큰할매 작은할매〉 〈해님맞이〉 〈나비잠〉 〈안녕, 병아리〉
동화책 〈명혜〉 〈내 푸른 자전거〉 〈귀신 고래〉와 인물 이야기책 〈세종대왕〉 〈호찌민 이야기〉 등이 있습니다.

웅진주니어

갯벌을 살려 주세요

초판 1쇄 발행 2013년 5월 3일 | 초판 8쇄 발행 2022년 3월 3일
글 김웅서 | 그림 장호 | 발행인 이재진 | 도서개발실장 안경숙 | 편집인 이화정 | 책임편집 최순영 | 편집 정숙영 | 책임디자인 이수현 | 디자인 이정연
마케팅 정지운, 김미정, 신희용, 박현아, 박소현 | 제작 신홍섭
펴낸곳 (주)웅진씽크빅 | 주소 경기도 파주시 회동길 20 (우)10881 | 문의전화 031)956-7452(편집), 02)3670-1191, 031)956-7065, 7069(마케팅)
홈페이지 www.wjjunior.co.kr | 블로그 wj_junior.blog.me | 페이스북 facebook.com/wjbook | 트위터 @wjbooks | 인스타그램 @woongjin_junior
출판신고 1980년 3월 29일 제406-2007-00046호. | 제조국 대한민국 | ISBN 978-89-01-15641-5 · 978-89-01-06093-4(세트)
글 ⓒ 김웅서 2013 | 그림 ⓒ 장호 2013

웅진주니어는 (주)웅진씽크빅의 유아 · 아동 · 청소년 도서 브랜드입니다.
저작권법에 의해 한국 내에서 보호를 받는 저작물이므로 무단전재와 복제를 금하며,
이 책 내용의 전부 또는 일부를 이용하려면 반드시 저작권자와 (주)웅진씽크빅의 서면 동의를 받아야 합니다.
이 도서의 국립중앙도서관 출판예정도서목록(CIP)은 서지정보유통지원시스템(http://seoji.nl.go.kr)과 국가자료종합목록시스템(http://www.nl.go.kr/kolisnet)에서 이용하실 수 있습니다. (CIP: 2013004218)

잘못 만들어진 책은 바꾸어 드립니다.
※주의 1. 책 모서리가 날카로워 다칠 수 있으니 사람을 향해 던지거나 떨어뜨리지 마십시오. 2_보관 시 직사광선이나 습기 찬 곳은 피해 주십시오.
웅진주니어는 환경을 위해 콩기름 잉크를 사용합니다.

갯벌을 살려 주세요

글 김웅서 | 그림 장호

웅진 주니어

여기는 바다일까요, 육지일까요?

여기는 발을 내디디면 무릎까지 푹푹 빠져요.
물기를 잔뜩 머금은 진흙이라
질퍽해서 잘 걸을 수 없어요.

바다이기도 했다가 육지가 되기도 하는 곳,
여기는 갯벌이에요.
갯벌은 바닷가의 평평한 곳에 생겨요.
고운 진흙이 강을 따라 내려오다가
차곡차곡 쌓여서 만들어졌어요.
수천 년이란 오랜 시간이 흘러 갯벌이 되었어요.

갯벌은 바닷가 마을을 지켜 주는 소중한 울타리예요.
스펀지가 물을 쭉 빨아들이듯
갯벌은 빗물을 흠뻑 머금어요.
홍수가 나도, 큰 파도가 밀려와도
갯벌이 있으면 바닷가 마을은 걱정 없어요.

갯벌은 지구의 허파예요.
우리 몸에 산소를 공급하는 허파처럼
갯벌은 지구에 산소를 만들어 줘요.
찻숟가락으로 갯벌 흙을 떠 보세요.
그 안엔 돌말 같은 바닷말이 수억 개나 들어 있어요.
이 바닷말들은 엄청난 양의 산소를 만들어 내요.

갯벌은 지구의 콩팥이에요.
쓸모없는 물질을 걸러 내는 콩팥처럼
갯벌은 바다를 깨끗하게 만들어요.
갯벌에 사는 아주 작은 미생물들이
육지에서 바다로 흘러 들어가는
오염 물질을 먹어 치우지요.

갯벌은 시커멓고 지저분해 보여도
수많은 생물들의 소중한 보금자리예요.
먹이도 많고 적을 피해 숨을 곳도 많거든요.
끝없이 펼쳐진 갯벌을 자세히 둘러보면
꼬물꼬물 살아가는 생물들이 참 많아요.

농게 수컷

쏘옥, 작은 구멍에서 무언가 나와요.
성냥개비처럼 생긴 두 눈이 두리번거려요.
우리나라 갯벌에서 쉽게 만날 수 있는 농게예요.
바닷물이 빠지면 농게가 밥 먹을 시간이에요.
농게는 집게발로 열심히 갯벌 흙을 긁어 먹어요.
흙에 든 먹이만 골라 먹고 나머지는 작은 알갱이로 내뱉지요.

농게 암컷

앗, 바닷물이 들어오기 시작해요.
바닷물이 들어오면 농게를 잡아먹는 물고기들이 몰려와요.
농게는 제 구멍 속으로 쏙 들어가 숨어요.
그러고는 입구를 꽁꽁 막아요.
바닷물이 빠지면 농게는 다시 구멍에서 나와요.

쭈욱, 구멍에서 끈 같은 것이 나와요.
갯벌을 깨끗이 청소하는 갯지렁이예요.
뽀글뽀글, 물이 나오는 구멍도 있어요.
껍데기가 돌처럼 단단한 꼬막이 사는 구멍이에요.
꽃처럼 생긴 말미잘, 별처럼 생긴 불가사리도,
물컹물컹한 낙지도 구멍을 하나씩 차지하고 있어요.
갯고둥은 구멍에서 나와 꼬불꼬불 기어 다니며
갯벌에 낙서를 해요.

갯지렁이

꼬막

낙지

불가사리

말미잘

갯고둥

깨끗한 갯벌에는 짱뚱어가 살아요.
짱뚱어는 물고기지만 큰 가슴지느러미로 갯벌을 기어 다녀요.
짱뚱어는 재미있게 생겼어요.
눈이 머리 꼭대기 양쪽으로 톡 튀어나와 있지요.
등지느러미를 돛처럼 활짝 펴기도 해요.

갯벌에는 새들도 많이 몰려와요.
수영을 못하는 도요새는 갯벌을 걸어 다니며 먹이를 잡아요.
긴 부리를 구멍 속에 넣어 갯지렁이를 잡아먹지요.
전 세계적으로 보기 드문 저어새도 우리나라 갯벌에서 볼 수 있어요.
주걱처럼 생긴 부리를 이리저리 저어 가며 작은 물고기나 낙지를 잡아먹어요.
새들에게도 갯벌은 아주 소중한 곳이에요.

사람들에게도 갯벌은 소중한 곳이에요.
봄과 여름에는 갯벌에서 낙지를 잡아요.
가을과 겨울에는 굴을 따지요.
키조개, 꼬막, 동죽, 맛조개, 바지락,
말뚝망둥어, 방게, 칠게, 꽃게, 큰구슬우렁이…….
갯벌에서 얻을 수 있는 건 정말 많아요.

어느 날, 평화롭던 갯벌에 많은 사람들이 찾아왔어요.
그 사람들은 갯벌에서 조개를 캐거나 낙지를 잡지 않았어요.
망원경으로 도요새를 지켜보지도 않았어요.
갯벌이 얼마나 넓은지 재고 이것저것 조사만 했어요.

얼마 뒤, 트럭과 포클레인 여러 대가 들어왔어요.
그러고는 갯벌과 바다 사이에 둑을 쌓기 시작했지요.
갯벌을 메우고 단단한 땅으로 만들어 공장을 짓는대요.

둑이 쌓일수록 갯벌로 들어오는 바닷물이 점점 줄어들어요.
바닷물이 들어오지 않으니까 갯벌은 조금씩 말라가요.
갯벌 생물들은 더 이상 구멍을 팔 수 없어요.

뜨거운 햇볕에 바싹 마른 갯벌이 갈라지기 시작했어요.
이제 살아 있는 갯벌 생물들은 찾아볼 수 없어요.
갯벌은 하얀 소금으로 뒤덮였어요.

물고기들은 더 이상 갯벌에 알을 낳고 새끼를 키울 수 없게 되었어요.
바다에는 물고기가 줄어들고, 새들도 찾아오지 않았어요.
바다에 나간 어부들은 빈 배로 돌아올 수밖에 없었어요.

갯벌은 점점 단단한 땅이 되어 가고, 어부들의 걱정은 점점 더 깊어 갔어요.

엄청난 폭풍우가 휘몰아친 날, 거세고 큰 파도가 마을로 밀려왔어요.
사람들은 마을이 내려다보이는 높은 언덕으로
서둘러 올라갔어요.

커다란 파도는 단단한 땅이 된 갯벌을 곧장 지나 마을을 뒤덮었어요.
쓰레기 더미와 오염된 바닷물이 함께 밀려왔어요.
사람들은 시커먼 바다에 잠긴 마을을 내려다보았어요.
갯벌이 마을을 지켜 줄 때는 한 번도 없었던 일이에요.

폭풍우가 지나간 뒤, 사람들은 힘을 모아 마을을 치웠어요.
그리고 힘을 모아 해야 할 일이 하나 더 있다고 생각했어요.
공장보다 갯벌이 더 소중하다는 것을 깨달았으니까요.
사람들은 바닷물을 막고 있던 둑을 무너뜨리기로 했어요.

갯벌로 바닷물이 다시 밀려오기 시작해요.
바싹 말랐던 갯벌이 조금씩 질퍽거려요.
수많은 갯벌 생물들이 원래대로 돌아오려면
오랜 시간이 걸리겠지요?

그래도 소중한 갯벌을 꼭 지켜 낼 거예요.

 **똑똑 정보**

세계 5대 갯벌 가운데 하나인 우리나라 갯벌

우리나라 갯벌은 미국과 캐나다의 동쪽 해안, 아마존 강 하구, 유럽의 북해 해안과 함께 세계 5대 갯벌로 꼽혀요. 우리나라 갯벌에 대해 좀 더 자세히 알아볼까요?

우리나라에는 갯벌이 흔해요.

서해에는 아주 넓은 갯벌이 있어요. 전라남도의 갯벌이 가장 넓고, 경기도와 인천시의 갯벌이 그 다음으로 넓어요. 갯벌은 우리나라에선 흔하지만, 세계적으론 아주 희귀한 보물 같은 곳이에요. 우리나라 갯벌에선 식물 플랑크톤을 포함한 식물 164종, 동물 687종이 살아가고, 전 세계적으로 멸종 위기에 처한 물새 중 47퍼센트가 머무르기도 해요.

갯벌은 어떻게 생길까요?

갯벌이 발달하려면, 바다와 육지가 맞닿은 곳의 기울어진 정도가 완만하고, 밀물과 썰물의 차이가 크고, 진흙과 모래를 실어 나르는 강줄기가 많아야 해요. 그리고 수천 년의 시간이 필요하지요.

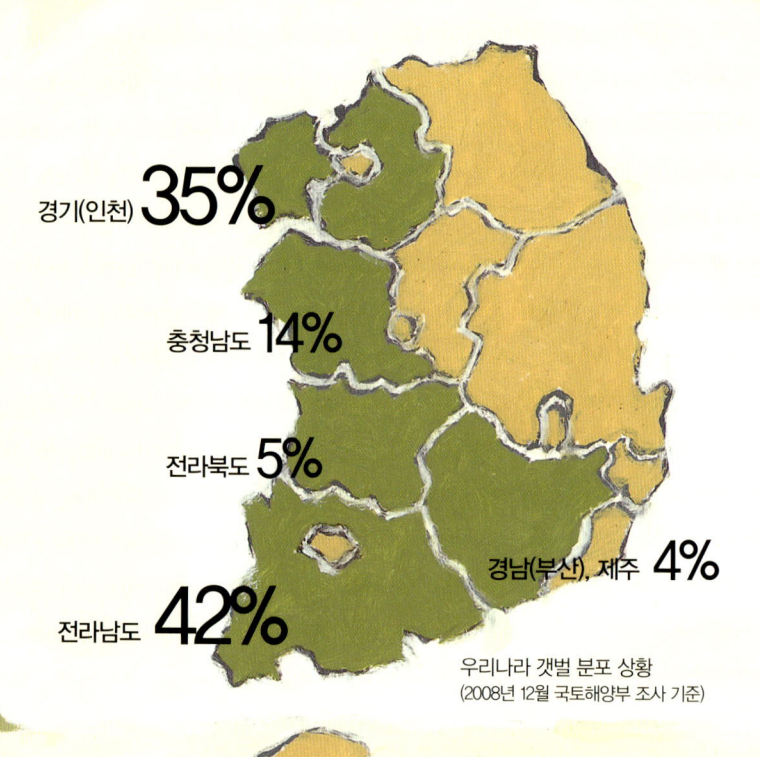

경기(인천) 35%
충청남도 14%
전라북도 5%
전라남도 42%
경남(부산), 제주 4%

우리나라 갯벌 분포 상황
(2008년 12월 국토해양부 조사 기준)

갯벌을 어떻게 보호할까요?

갯벌 체험을 갈 때
· 갯벌에선 조심조심 걸어요. 눈에 보이지 않는 아주 작은 동물들도 많거든요.
· 바위 밑에 무엇이 있는지 보려고 바위를 뒤집었다면, 다 보고 난 뒤엔 원래 상태로 놓아야 해요. 바위 밑의 생물들은 겉으로 드러나면 위험하고, 반대로 위에 있던 생물들은 밑에 깔려 죽을 수 있어요.
· 관찰한 갯벌 생물을 집에 가져오지 않도록 해요. 생물은 살던 곳에서 가장 잘 살아남아요.
· 쓰레기가 보이면 주워 와요.

평소에 생활할 때
· 지나치게 더러운 물이 갯벌로 많이 흘러들면, 갯벌이 오염돼요. 머리 감을 때 샴푸를 조금 적게 쓰면 물이 오염되는 것을 줄일 수 있어요. 또 음식 쓰레기를 줄여도 갯벌을 건강하게 만드는 데 도움이 돼요.

똑똑 생각

갯벌은 버려진 땅이 아니에요

 갯벌에 들어갔다 나오면 발에 시꺼먼 진흙이 달라붙어 씻기가 여간 힘들지 않아요. 옷에 얼룩덜룩 진흙이 묻기도 하고요. 질척질척하고 지저분해 보이는 갯벌. 우리는 갯벌을 아무짝에도 쓸모없는 땅이라고 생각하기 쉽지요. 그렇지만 갯벌은 버려진 땅이 아니에요. 갯벌을 주의 깊게 관찰해 보세요. 갯벌은 뭇 생물들이 숨 쉬며 살아가는 생명력이 넘치는 곳이라는 것을 금세 알게 될 거예요. 과학자들은 갯벌을 연구하며 갯벌이 경제적 가치가 아주 높고, 생물 다양성도 아주 높은 곳이라는 사실을 알게 되었어요.
 갯벌이 없다면 우리에게 어떤 일이 일어날까요? 갯벌이 없다면 우리가 좋아하는 조개, 게, 낙지 등이 밥상에 올라올 수 없을 거예요. 갯벌이 일터인 어민들은 할 일을 잃어버리게 되겠지요. 갯벌은 바닷가 마을을 지켜 주는 파수꾼 역할도 해요. 갯벌은 물이 넘치면 물을 저장하고, 물이 부족하면 머금고 있던 물을 공급해 줘요. 그래서 가뭄과 홍수의 피해를 줄여 주지요. 갯벌은 태풍이나 지진으로 생긴 큰 파도를 막아 주는 방파제 역할도 해요.

　예전에 동남아시아에서 해저 지진으로 생긴 큰 파도가 바닷가 마을을 덮쳐 십만 명이 넘는 사람들이 죽은 적이 있어요. 사람들이 갯벌에 자라는 맹그로브 숲을 망가뜨리지만 않았어도 피해를 훨씬 줄일 수 있었을 거예요. 물을 머금고 있는 갯벌은 온도와 습도를 조절하는 훌륭한 자연 에어컨이자 가습기이기도 해요. 갯벌이 없다면 온도가 훨씬 더 올라가고, 건조해져서 생활하기 불편할 거예요. 갯벌에 사는 생물들은 지저분한 오염 물질을 없애서 바닷물을 깨끗하게 해 주는 정수기 역할까지 하지요. 그래서 갯벌을 지구의 콩팥이라 부르기도 한답니다.
　갯벌에 대해 더 알고 싶나요? 아직 갯벌 체험을 하지 못한 어린이들은 갯벌에 직접 가 보세요. 옷에 진흙이 좀 묻더라도 갯벌에는 배울 것이 참 많아요.
　자, 우리 다 함께 갯벌로 떠나 볼까요?

글쓴이 김웅서

똑똑똑 과학그림책

아이의 호기심에서 출발해, 과학 원리를 차근차근 풀어가는 정통 논픽션 과학그림책입니다.
각 분야의 과학 전문가들이 집필하여 물리Ⅰ, 물리Ⅱ, 자연, 물질, 지구·우주Ⅰ, 인체, 환경, 화학, 지구·우주Ⅱ, 생명 등 10개 영역의 과학 지식을 정확하고 폭넓게 알아갈 수 있습니다.
권마다 다채로운 구성과 친근하고 재미있는 방식으로 어린이들을 과학의 세계로 안내합니다.

물리Ⅰ
1. 데굴데굴 공을 밀어 봐_힘과 운동_곽영직 글·이형진 그림
2. 비는 어디서 왔을까?_물의 순환_김순한 글·장선환 그림
3. 햇빛은 무슨 색깔일까?_빛과 색깔_곽영직 글·이형진 그림
4. 왜 땅으로 떨어질까?_중력_곽영직 글·김유대 그림
5. 소리가 움직여요_소리의 전달_김순한 글·설은영 그림

물리Ⅱ
6. 찰랑찰랑 물이 있어요_물_곽영직, 김은하 글·김재홍 그림
7. 활~활 불이 있어요_불_곽영직, 김은하 글·한상언 그림
8. 꿈틀꿈틀 흙이 있어요_흙_곽영직, 김은하 글·김주리 그림
9. 흠~흠 공기가 있어요_공기_곽영직, 김은하 글·최현묵 그림
10. 모두 에너지야!_에너지_곽영직 글·소윤경 그림

자연
11. 쫓고 쫓기고 찾고 숨고_동물의 생존전략_황보연 글·오승민 그림
12. 웅덩이 관찰 일기_먹이사슬_황보연 글·윤봉선 그림
13. 어떤 동물하고 친구할까?_동물 분류_윤소영 글·김세진 그림
14. 아주 작은 씨앗이 자라서_식물의 일생_황보연 글·이제호 그림
15. 옛날 옛적 지구에는…_생명의 역사_윤소영 글·조경규 그림

물질
16. 금속은 어디에?_금속_허승회, 임유진 글·이선주 그림
17. 유리만 한 것도 없을걸_유리_허승회, 임유진 글·이지선 그림
18. 플라스틱 공장에 놀러 오세요_플라스틱_허승회, 임유진 글·홍기한 그림
19. 고무랑 놀자_고무_허승회, 임유진 글·김유대 그림
20. 나무는 꼭 필요해_나무_허승회, 임유진 글·원혜영 그림

지구·우주Ⅰ
21. 생명의 별 태양_태양_정창훈 글·이광익 그림
22. 달은 어디에 떠 있나?_달_정창훈 글·장호 그림
23. 로켓을 타고 우주로_로켓과 우주여행_정창훈 글·신진주 그림
24. 지구가 살아 있어요_지각운동_정창훈 글·이상현 그림
25. 지구가 뜨거워져요_날씨와 지구 온난화_정창훈 글·김병하 그림

그림 ⓒ 장호 2013

환경에 대한 올바른 인식을 통해 친환경적인 생활 태도를
배웁니다. 모든 생명은 서로 연결되어 있어 사람은
자연과 어울려 살아야 함을 깨닫게 됩니다.

갯벌의 생태적 가치를 배우고, 갯벌이 사라졌을 때
일어나는 문제들을 통해 갯벌은 꼭 지켜야 하는
소중한 곳이라는 것을 깨닫게 됩니다.

🧠 인체

26. 일하는 몸 _소화와 호흡_ 서천석 글·이진아 그림
27. 움직이는 몸 _뼈와 근육_ 소재근 글·홍선주 그림
28. 느끼는 몸 _뇌와 감각_ 서천석 글·윤정주 그림
29. 싸우는 몸 _질병과 건강_ 서천석 글·양정아 그림
30. 자라는 몸 _성장_ 서천석 글·신민재 그림

🌱 환경

31. 깨끗한 에너지 태양 바람 물 _녹색 에너지_ 박기영 글·조우영 그림
32. 쓰레기가 쌓이고 쌓이면… _쓰레기_ 박기영 글·이경국 그림
33. 숲 속 동물들이 사라졌어요 _생태계 파괴_ 황보연 글·윤봉선 그림
34. 먼지가 지구 한 바퀴를 돌아요 _오염 먼지_ 윤순창 글·소복이 그림
35. **갯벌을 살려 주세요** _갯벌 오염_ 김웅서 글·장호 그림

⚗️ 화학

36. 부글부글 시큼시큼 변했다, 변했어! _화학 변화_ 김희정 글·조경규 그림
37. 단단하고 흐르고 날아다니고 _물질의 상태_ 성혜숙 글·홍기한 그림
38. 구리구리 똥은 염기성이야? _산성과 염기성_ 성혜숙 글·백정석 그림
39. 뿡뿡 방귀도 혼합물이야! _혼합물_ 이정모 글·김이조 그림
40. 더더더 작게 쪼개면 원자 _원자와 분자_ 곽영직 글·이경석 그림

🪐 지구·우주 II

41. 바다는 수수께끼투성이 _바다_ 정창훈 글·소윤경 그림
42. 지구는 커다란 돌덩이 _돌_ 임태훈 글·이경국 그림
43. 공룡 화석이 말해요 _화석과 공룡_ 정창훈 글·김중석 그림
44. 바람이 그랬어 _날씨와 바람_ 정창훈 글·안은진 그림
45. 지구 말고 다른 데 살아 볼까? _태양계 행성_ 정창훈 글·최민오 그림

⚫ 생명

46. 살아 있다는 건 뭘까요? _생명 정의와 순환_ 김순한 글·이희은 그림
47. 나는야 초능력자 미생물 _미생물_ 이정모 글·김유대 그림
48. 펭귄아, 남극에서 어떻게 사니? _진화와 적응_ 황보연 글·유준재 그림
49. 왜 난 엄마 아빠를 닮았을까요? _유전_ 윤소영 글·김동훈 그림
50. 세상에서 코끼리가 사라진다면? _생물 다양성_ 이한음 글·김병호 그림